AF360316

LE MARÉCHAL

DE

LA MEILLERAYE.

Niort. — Imprimerie de ROBIN et Comp.

LE MARÉCHAL

DE LA

MEILLERAYE,

Par A.-D. de la Fontenelle de Vaudoré,

CORRESPONDANT DE L'INSTITUT (ACADÉMIE DES INSCRIPTIONS ET BELLES-LETTRES, MEMBRE NON RÉSIDANT DU COMITÉ DES CHARTES, CHRONIQUES ET INSCRIPTIONS AU MINISTÈRE DE L'INSTRUCTION PUBLIQUE ET DE PLUSIEURS SOCIÉTÉS SAVANTES, FRANÇAISES ET ÉTRANGÈRES.

—

TROISIÈME ÉDITION.

—

NIORT,

IMPRIMERIE DE ROBIN ET Cie, LIBRAIRES ET LITHOGRAPHES,
RUE DES HALLES, N° 50.

PARIS,

DERACHE, Libraire, rue du Bouloy, n° 7.
TECHNER, Libraire, place de la Colonnade du Louvre, n° 12.
DUMOULIN, Libraire, quai des Augustins, n° 13.

1840.

LE MARÉCHAL DE LA MEILLERAYE [1].

Un des hommes de guerre, dont la partie du Poitou formant le département des Deux-Sèvres doit tirer le plus d'orgueil, est sans contredit le maréchal de La Meilleraye.

Charles de La Porte était d'une famille de la Gâtine, à position sociale peu élevée, et qui vivait ignorée au manoir, alors orné d'une seule tourelle, qu'on appelait *la Meilleraye* (2). c'était une haute justice placée tout au plus à deux lieues de l'historique château de Parthenay, possédé durant des siècles par les Parthenay-l'Archevêque, dont l'origine se perd dans la nuit des temps; pendant quelques années, par le connétable de Richemont, et ensuite par le valeureux bâtard d'Orléans et sa descendance. Mais, doué de grands moyens, et facilité par une protection toute-puissante, le possesseur de cette

(1) Extrait d'une *Histoire* inédite de *Parthenay et de la Gâtine en Poitou; de Vouvant et de Mervent*, etc.

(2) Le château de la Meilleraye appartenait, en 1403, à la maison de Liniers, l'une des plus anciennes du Poitou; et, en 1564, à Marguerite de Chaillé, veuve de Louis de Maraflin.

humble habitation finit par arriver, à l'aide de beaux faits d'armes, à l'apogée de la grandeur militaire. Sans doute il y eut là
quelque peu de faveur, mais elle se fixa sur le mérite, tandis
que trop souvent la faveur s'attache à la médiocrité.

On a dit que La Meilleraye était le petit-fils d'un apothicaire
de Parthenay, et la *Biographie universelle* l'a répété (1). Il est
positif qu'il eut pour aïeul paternel François de la Porte, seigneur de la Lunardière, qui, parti de Parthenay pour aller
étudier à Paris, y devint l'oracle du barreau. Ce fut lui qui,
en qualité de bâtonnier de l'ordre des avocats, adressa la parole
à Christophe de Thou, pour se plaindre de la manière dont ce
premier président avait traité à l'audience l'illustre Dumoulin,
qui, savant au dernier point, rendait ses pensées avec beaucoup de difficulté (2).

Le père du personnage qui nous occupe aujourd'hui fut
Charles de La Porte, premier du nom, qui devint possesseur

(1) Les mémoires de Choisy veulent que le nom de La Porte fut donné à cette famille, parce qu'elle habitait *près d'une des portes* de la ville de Parthenay. On sent qu'il
n'y a rien à répondre, sur une étymologie de nom aussi ridicule.

(2) François de La Porte, alors bâtonnier des avocats au parlement de Paris, fut, en
effet, chargé, par son ordre, de demander une réparation au premier président, Christophe de Thou, pour une interruption, avec des paroles peu obligeantes, dans une plai-
doirie où Charles Dumoulin avait été diffus au dernier point. De Thou, qui rendit sans
doute ainsi un témoignage au prodigieux savoir de l'avocat qu'il avait interrompu, parvint à satisfaire la susceptibilité du barreau. On peut cependant douter que La Porte, en
adressant la parole au chef de la première cour de justice du royaume, ait été jusqu'à lui
dire, ainsi que le prétend Papyre Masson, dans l'*Eloge historique de Dumoulin*, qu'il avait
insulté, dans ce jurisconsulte, quelqu'un qui en savait plus qu'il n'en saurait jamais : *Cùm
hodiè Molinæum collegam verbo læseris, quid abs te factum putes? Læsisti hominem doctiorem
quàm unquàm eris.*

de la terre de La Meilleraye, vers l'an 1600 (1), et épousa Claude de Champlais, d'une famille noble de l'Anjou. Mais le père de ce Charles de La Porte, le célèbre avocat au parlement, avait eu d'un premier mariage (2) avec Claude Bochard, fille d'Antoine, seigneur de Farenvilliers, et conseiller au parlement de Paris, une seule fille, Suzanne de La Porte, qui, par son mariage avec François Duplessis-Richelieu, devint la mère du célèbre cardinal de Richelieu. Ainsi, ce fut d'un second mariage avec Madeleine Charles, fille du seigneur du Plessis-Piquet (3), que sortit le premier Charles de La Porte, et aussi, son frère germain, Amador de La Porte, qui entra dans l'ordre de Malte, et y parvint aux plus hautes dignités (4).

On le voit dès lors, Charles de La Porte, deuxième du nom, dont il est question ici, était cousin germain du cardinal de Richelieu. Mais le tout-puissant ministre, beaucoup plus âgé que La Meilleraye (5), ne vit en lui qu'une espèce de fils

(1) Le premier acte de la collection de dom Fonteneau, relatif à Charles de La Porte, premier du nom, est du 24 mars 1602 ; et cet individu est qualifié de seigneur du *Châtel* de la *Mesleraye*, de la Lunardière et de la Flocclière-Sainte-Vierge ; cette dernière terre était située à Sainte-Verge, près Thouars.

(2) Ce mariage eut lieu en mai 1548.

(3) Contracté en 1549.

(4) Les preuves, pour l'entrée dans l'ordre de Malte, étaient plus faciles, dans les temps anciens, qu'aux époques plus rapprochées de nous. Dans le principe, on établissait la noblesse de ses ancêtres par des certificats et des déclarations ; et l'on sait que ces actes sont souvent le fruit de la complaisance. Or, plus tard, pour les réceptions, on ne s'arrêtera qu'aux actes authentiques et aux autres titres de famille.

(5) Le cardinal de Richelieu naquit le 5 septembre 1585, et la naissance de Charles de la Porte ne date que de 1601 et 1602. Il se trouve donc une différence d'âge de 14 ou 15 ans entre les deux cousins germains. Cette différence est très grande, surtout dans la jeunesse.

d'adoption, qu'un neveu. Il le traita en effet comme tel, et aussi les écrivains du temps parlent *du faible* que le despote, couvert de la pourpre romaine, avait pour son jeune parent.

Ici se présentent des questions qui, un demi-siècle en arrière de nous auraient été d'une grande importance, et qui, au temps où nous vivons, sont à peu près sans intérêt, au moins pour le plus grand nombre. La famille de La Porte, dont le maréchal de La Meilleraye commença l'illustration, était-elle ou non une branche de l'antique maison de la Porte-Vezins, en Anjou (1), dont un des membres (2) aurait été placé, prétendait-on, par le duc de Longueville, en 1530, pour commander à Parthenay, dans la Gâtine, à Vouvant et à Mervent? Un modeste pharmacien de Parthenay était-il, au contraire, un des aïeux du brave, natif de la Gâtine du Poitou, qui fut jugé digne par son roi et par ses compagnons d'armes de recevoir le bâton de maréchal sur la tranchée d'Hesdin? Jadis, une telle ori-

(1) On trouve les La Porte de La Meilleraye avec les mêmes armes que les La Porte-Vezins : *de gueules, à un croissant d'argent, chargés de trois mouchetures d'hermine ;* mais ce fait ne prouve rien, parce qu'autrefois une famille nouvelle et riche usurpait les armoiries d'une famille ancienne et pauvre, à qui elle était de quelque utilité. Aussi, si les La Meilleraye se placèrent dans cette position, ils cherchèrent à se l'assurer, en reconnaissant comme parens des gentilshommes de la Gâtine placés dans une position difficile, les seigneurs de la Rembourgère et de Villeneuve, qui, dans l'opinion publique, descendaient bien de la maison de la Porte-Vezins.

(2) Suivant Joseph Aubert de Parthenay, dans son *Discours généalogique des seigneurs qui ont possédé Parthenay*, ce fut Raoul de La Porte, seigneur de la Lunardière, qui vint pour commander à Parthenay, en 1550 ; et marié avec Madeleine Chaplais, fille du seigneur du château de Perdoudale, aujourd'hui Chalendeau près Parthenay, il aurait eu de cette union François de La Porte, célèbre comme avocat, et à qui, dans la généalogie des seigneurs de La Meilleraye, on se garde bien de donner ce titre.

gine, seulement présumée, aurait fait rougir un général d'armée, et surtout un courtisan. Mais, comme on l'a dit, les temps
sont changés; et, sans que le prestige légitime attaché aux
races historiques soit détruit, on tient généralement compte,
sans distinctions d'opinions politiques, à Masséna et à Catheli-
neau d'être arrivés, d'un point de départ peu élevé, au plus
haut degré de l'échelle du commandement.

Charles de La Porte, né en 1601 ou 1602, fut d'abord élevé
dans les principes de la réforme, qu'il abandonna par la suite.
Entré de bonne heure dans le service militaire, il eut pour
guide son oncle, Amador de La Porte.

Les premières années de La Meilleraye nous échappent;
mais en 1628, nous le trouvons déjà arrivé au grade de colonel,
et employé avec son régiment au siége de la Rochelle. Cantonné
près du fort de la Fond, ce régiment était exposé aux sorties
fréquentes des assiégés. A une de ces escarmouches, un combat
singulier, à l'épée et au pistolet, s'engagea entre La Meilleraye
et La Cottencière-Bessay (1), gentilhomme du Bas-Poitou ré-
fugié à la Rochelle. On ne sait pas précisément ce qui entraîna
l'engagement; mais il fut prémédité à l'avance. D'après un

---

(1) La famille de Bessay existe encore en Bas-Poitou, et possède la terre qui lui a donné
son nom, terre dont elle jouit depuis le douzième siècle, sauf une légère interruption
qui eut lieu dans le siècle dernier. On prétend assez généralement que cette famille est
une branche de la maison de Lusignan, dont un cadet épousa l'héritière de la terre de
Bessay, à charge d'en prendre le nom. Le château de Bessay est aussi un de ceux dont la
construction est attribuée à la *Merlusine*, être moitié femme et moitié poisson. Jonas et
Giron de Bessay ont beaucoup marqué dans les guerres de religion. La terre de la Cottencière, que possédait le Bessay dont il est question ici, se trouvait à très peu de dis-
tance du château de la Roche-sur-Yon, autrefois la Roche-sur-Oyon, *Rocha-super-Oyon*.

auteur (1), La Cottencière provoqua La Meilleraye. Suivant d'autres écrivains (2), la provocation fut en sens contraire, et le royaliste présenta le défi au protestant, avec les circonstances qu'on va indiquer. La Meilleraye, qu'on représente comme brave, fanfaron et même violent, aurait envoyé un trompette en ville pour savoir qui voudrait faire le coup de pistolet avec lui. Ce messager arrivé au corps-de-garde le plus avancé, La Cottencière qui se serait trouvé là, aurait accepté aussitôt le défi.

Toujours est-il que les deux champions, rendus à cheval sur le terrain, quittèrent leurs vêtemens et ne gardèrent que leurs pourpoints. Le protestant eut l'avantage de tirer le premier, mais son arme ne partit point. Mieux pourvu, La Meilleraye tira deux coups de pistolet sans toucher La Cottencière, et fit un détour pour le prendre par-derrière. En ce moment, le dernier qui avait encore un de ses pistolets chargé, le tira et blessa à mort le cheval du colonel, qui s'abattit sous son maître. Cet événement donna tout l'avantage à l'officier protestant, qui en usa noblement envers son adversaire ; car au lieu de le combattre, il se porta à son secours. De là naquit entre les deux acteurs de ce combat un durable attachement.

Mais, à cette époque, les duels étaient sévèrement défendus, et l'on ne put voir dans cette rencontre un simple fait de guerre. Aussi, La Meilleraye fut traduit devant un conseil de guerre, qui le condamna à la dégradation. Mais cet officier supérieur, parce qu'il était proche parent du cardinal, obtint

(1) Mémoires de Bassompierre.

(2) Mémoires de Tallemant des Réaux. — Mémoires du cardinal de Richelieu.

aisément sa grâce; et lorsqu'on avait vu peu avant (1) un Montmorency et un noble Breton du premier rang perdre la tête sur un échafaud, pour s'être battus en combat singulier, La Meilleraye, au contraire, reprenait le commandement de son régiment, un mois après la décision qui l'avait déclaré indigne de servir à l'avenir dans les armées françaises. Etait-ce là de la justice?

On était encore au commencement du mémorable siége de la Rochelle, quand les assiégeans essayèrent de détourner les sources qui abreuvaient la ville. Le 11 avril 1628, on s'aperçut que la fontaine du Pilori commençait à baisser, et le maire Guiton (2), celui qui a donné tant de célébrité à son nom, envoya un corps de cavalerie vers le Champ de Mars, pour disperser les pionniers des assiégeans, qu'on croyait occupés à rompre les canaux de la Fond. Sur cela, le maréchal de Bassompierre détacha quelques cavaliers de sa garde pour observer; et bientôt, des deux côtés, on envoya de l'infanterie. Alors, sur l'ordre du maréchal, La Meilleraye se porta en avant avec cinquante mousquetaires de son régiment, pour couper la retraite des Rochelais. La présence de ces forces opposées occasionna un combat sanglant; mais après quelques heures, les soldats de La Meilleraye n'ayant plus de munitions,

(1) Peu auparavant, le 22 juin 1627, François de Montmorency-Bouteville et Rosmadec, son cousin, avaient été exécutés à Paris, sur la place de Grève, pour s'être battus en duel.

(2) Il est question d'élever une statue à Guiton sur la place du port, à la Rochelle. Les habitans de Parthenay et de la Gâtine n'en devraient-ils pas une aussi au maréchal de la Meilleraye? En attendant, j'ai demandé, comme je l'ai fait pour le voyageur Caillé, que le portrait du guerrier dont il est question ici fût placé dans le musée départemental des Deux-Sèvres.

firent retraite, tandis que leur colonel, qui tenait toujours bon, restait exposé au feu des ennemis. Ce brave allait être entouré et obligé de se rendre, quand Bassompierre lui-même arriva à son secours. Alors les combattans se retirèrent, chacun de leur côté et en bon ordre (1).

Charles de La Porte eut ensuite à combattre l'étranger, et il servit dans les guerres de Piémont, de 1629, entreprises par Louis XIII, dans un hiver rigoureux. Le 6 mars, il se fit remarquer à l'attaque du Pas-de-Suze (2), sous les yeux du monarque, qui chassa le duc de Savoie de cette position, défendue par trois barricades. L'année suivante, La Meilleraye se distingua encore au combat de Carignan.

Ce fut aussi vers cette époque que Charles de La Porte contracta une alliance conforme au point élevé où il avait su se placer. Il épousa, en 1630, Marie Ruzé, fille d'Antoine Ruzé, marquis d'Effiat, maréchal de France. Il naquit bientôt un fils de cette union, Armand-Charles de La Porte, qui devint par son mariage, duc de Mazarin.

La Meilleraye retourna ensuite en Aunis, et il y était lors de la reddition de la Rochelle. Alors le cardinal de Richelieu, sentant la haute importance de la place, se fit donner, par lettres patentes, le titre de *lieutenant-général du roi au gouvernement de la Rochelle, pays d'Aunis, Brouage et îles adjacentes.* Mais, occupé au loin et plus en grand, il plaça, pour le représenter, dans ce gouvernement, son oncle, Amador de

(1) Mémoires de Bassompierre.

(2) Le combat du Pas-de-Suze a fait le sujet d'un tableau commandé par le cardinal de Richelieu, et qui se trouve au musée historique de Versailles.

La Porte, bailli de Morée, élevé à la dignité de grand-prieur de France, et chargé du poste d'ambassadeur de l'ordre de Malte en France. Amador de La Porte avait été nommé gouverneur d'Angers, en 1619, du Hâvre-de-Grâce en 1626; et, homme doux et conciliant, il était parvenu à se faire aimer précédemment des peuples qu'il avait été appelé à administrer, et il en fut de même en Aunis (1). On sent qu'Amador de La Porte exerçant toute l'autorité dans cette contrée, La Meilleraye, son neveu, dut y jouer un grand rôle.

Nous en trouvons une preuve lors de l'entrée d'Anne d'Autriche à la Rochelle, le 19 novembre 1632, époque où Amador de La Porte mit tout en œuvre pour bien faire les honneurs de son gouvernement à la reine. Ce fut le régiment de son neveu qu'il employa pour servir d'escorte à cette princesse, et La Meilleraye fut la recevoir en avant de Tasdon. A la barrière de Saint-Nicolas, le grand-prieur, assisté de son neveu, présenta à Anne d'Autriche les clés des tours de Saint-Nicolas, de la Chaîne et de la Lanterne. De plus, il avait en main un marteau, comme pour faire comprendre à la reine qu'elle n'avait qu'à dire un mot, et qu'elle verrait tomber à ses pieds les débris de ces fortifications.

La reine entendit un *Te Deum* dans l'église de Sainte-Marguerite, et fut ensuite conduite par les deux de La Porte, l'oncle et le neveu, à l'hôtel qui était préparé pour elle. Le soir, un

______

(1) « C'était un homme de bien et un homme d'honneur. Je l'ai vu fort aimé à la Rochelle, dont il était gouverneur, avec le pays d'Aunis, Brouage et les îles. Depuis sa mort, la religion de Malte a démembré le grand-prieuré, à cause qu'il n'était plus que pour des princes et des gens de la faveur. » *Mém. de Tallement des Réaux.*

souper splendide lui fut offert, au gouvernement, par le grand-prieur, qui en fit les honneurs avec La Meilleraye. « L'eau, la terre et la mer, dit quelqu'un qui assista à cette fête, y concertaient à l'envi toutes les raretés du monde, et faisaient de ce beau chaos l'image de la création. Les monstres marins, les bêtes des déserts et les oiseaux les plus inconnus étaient venus en foule adorer leur nouvelle reine, et, *par hommage, à mesure qu'elle mangeait,* lui baiser la bouche et les mains (1). »

Le lendemain, il y eut des feux d'artifice, des joûtes sur l'eau et des danses. Les fêtes furent beaucoup du goût de la cour et d'Anne d'Autriche, qui prolongea son séjour à la Rochelle. Touchée de cet accueil gracieux, elle obtint du roi la main-levée du séquestre des biens de la commune. C'était ce que l'oncle et le neveu de La Porte avaient sollicité, et les Rochelais leur en eurent une vive reconnaissance.

La Meilleraye avait aidé puissamment son oncle le grand-prieur à faire les honneurs de son gouvernement de l'Aunis. En reconnaissance, il fut lui-même élevé au grade d'officier général, et nommé, toujours dans l'année 1632, *lieutenant pour le roi en Bretagne, capitaine et gouverneur des ville et château de Nantes et tour de Pirmil.* Par ces mots, on entendait le gouvernement de Nantes et du comté Nantais.

Il se trouvait dès lors le lieutenant de son cousin germain, car le cardinal de Richelieu s'était fait nommer gouverneur en Bretagne dès 1627, à la mort du maréchal de Themine, mais

(1) Voir dans *Arcère*, Histoire de la Rochelle, la *relation de ce qui s'est passé à l'entrée de la reine, etc.*

ne trouvant pas encore que ce fut assez, parce que le duc de
Rohan-Montbazon avait la charge de gouverneur de Nantes,
avec la survivance pour le prince de Guéménée, fils de celui-
ci, le cardinal employa tous ses efforts pour déterminer le duc à
donner sa démission, qu'il parvint à arracher (1). Ce fut dans
cette position qu'il se fit pourvoir du gouvernement de Nantes,
dont il donna l'exercice à La Meilleraye, parce qu'il était sûr
de sa fidélité et même de son attachement.

Ces dispositions furent promptement suivies d'effet. Dès le
28 mars, et dès lors, dans le mois qui suivit la démission du duc
de Montbazon et peu après les nominations qui en furent la
suite, la ville de Nantes députa le maire et le sous-maire pour
aller complimenter Richelieu, en qualité de gouverneur de leur
ville. Peu après La Meilleraye partit pour se rendre à son
poste. Il s'arrêta à Oudon, où une députation du corps municipal vint le saluer, puis il arriva à Nantes et entra en exercice (2).

La Meilleraye n'eut pas le bonheur de conserver longtemps
la compagne qu'il s'était choisie. Marie Ruzé d'Effiat mourut le
22 août 1633, âgée seulement de vingt ans.

Charles de La Porte, alors qualifié de marquis de La Meilleraye, reçut, à la promotion de cette même année, le collier de
l'ordre du Saint-Esprit.

En 1634, Louis XIII se décida à faire la guerre au duc de
Lorraine, et il entra avec une armée dans ses états.

A la suite du siége de la Mothe, place située dans cette province même où La Meilleraye avait donné de nouvelles preuves

(1) Par acte du 2 mars 1632.
(2) M. Meuret, *Annales de Nantes.*

de courage, et surtout montré une grande capacité, il fut nommé à un emploi qu'il ne dut néanmoins, on peut l'assurer, qu'à la faveur qui s'attachait aux proches parens du cardinal de Richelieu. Charles de La Porte obtint le poste que Sully avait rempli après les services les plus signalés ; en un mot, il devint grand-maître de l'artillerie.

Ce fut en cette qualité qu'il servit dans les guerres du comte de Bourgogne et des Pays-Bas. Il concourut notamment au gain de la bataille d'Avein (1), où les maréchaux de Châtillon et de Brézé défirent l'armée espagnole, commandée par le prince Thomas de Savoie, qui voulait empêcher les troupes françaises de joindre celles des états-généraux. Ces troupes réunies forcèrent Tillemont, s'emparèrent de Diest et d'Arschot, et vinrent investir Louvain, dont La Meilleraye commanda le siége ; mais les troupes françaises furent obligées de lever ce même siége, le 5 juillet 1635.

Le grand-maître de l'artillerie dirigea encore en personne le siége de Dôle, en Franche-Comté.

Resté veuf bien jeune et avec un seul enfant, La Meilleraye se remaria, en mai 1637, avec Marie de Cossé, fille de François de Cossé, duc de Brissac.

Après son mariage, La Meilleraye retourna à Nantes où il résidait habituellement, et emmena avec lui sa jeune épouse. Tout à la fin de cette année, en décembre, les états de Bre-

---

(1) Le musée de Versailles a encore le tableau commandé par le cardinal de Richelieu, pour conserver le souvenir de la bataille d'Avein. La notice du musée rappelle, avec raison, que ce fut dans cette guerre que se formèrent les plus grands capitaines de l'époque. La France avait alors quatre armées sur pied.

tagne tinrent à Nantes. Le gouverneur de cette ville demanda au corps municipal six grandes maisons meublées *pour les seigneu... des états, et trois pour loger ses amis.* Il paraît que les parens et ceux qui étaient dans l'intimité de La Meilleraye, avaient choisi cette circonstance, qui rendit Nantes très brillant, pour venir le visiter. Quoiqu'il en soit, « le bureau refusa, dit un auteur de la localité (1), mais les états furent dédommagés par l'énorme quantité de vin qu'ils burent aux dépens de la ville. » Ainsi se passaient alors les choses.

Les états de Bretagne se réunirent encore à Nantes en novembre et décembre 1638, et les séances de cette assemblée se tinrent dans l'église des Carmes. La ville fit distribuer aux membres des états une quantité considérable du meilleur vin étranger qu'on put trouver (2), et elle donna un grand bal à cette occasion. Un auteur dit que ce fut sur l'invitation de M. et de Mme de La Meilleraye. Il est tout simple que la jeune et belle Marie de Cossé eut le désir de briller dans une fête de cette espèce, mais il est à croire que les membres du corps-de-ville furent assez polis, assez galans même, pour ne pas attendre que leur gouvernante eut exprimé un désir à cette occasion. Elle méritait bien, du reste et on le verra, que Nantes fît quelque chose de gracieux pour elle, car bientôt dans cette ville, on la considéra, avec raison, comme la mère des pauvres.

Une armée française se porta en Flandre, et y agissait en 1639, sous Louis XIII lui-même, et commandée par le maré-

(1) M. Meuret, *Annales de Nantes.*
(2) 6750 bouteilles.

chal de Châtillon. Dans une telle position, la présence du grand-maître de l'artillerie était inévitable. Celui-ci se distingua particulièrement au siége d'Hesdin, place qui se rendit, le 3o juin, et il obtint, sur la brèche, le bâton de maréchal de France (1). On a dit encore que Charles de La Porte, et à cette occasion on rechercha quelle était sa famille, n'avait dû cet avancement si marqué qu'au grand attachement que lui portait son parent, le cardinal premier ministre. Mais, on a pu depuis s'en convaincre, le militaire ainsi distingué avait rendu des services signalés, et il était d'une haute capacité. Bien d'autres ont obtenu le bâton de commandement sans l'avoir aussi bien gagné.

La manière dont La Meilleraye fut pourvu de cette nouvelle dignité mérite d'être mentionnée ici. Louis XIII prit sa canne, et la présentant au récipiendiaire, il lui dit : « Je vous fais maréchal de France. Voilà le bâton que je vous en donne : les services que vous m'avez rendus m'obligent à cela. Vous continuerez à me bien servir. » Le natif de la Gâtine voulut s'excuser : « Trève de complimens, lui dit le roi, je n'ai jamais fait un maréchal de meilleur cœur que vous (2) ».

Devenu à la fois maréchal de France et grand-maître de l'artillerie, La Meilleraye défit, le 2 août 1639, les troupes du

---

(1) On trouve au cabinet des estampes de la bibliothèque du roi, carton 22, un dessin qui représente le roi donnant à La Meilleraye le bâton de maréchal, sur les murs d'Hesdin. Il y a aussi une autre estampe intitulée : *L'Espagnol à l'apothicaire, sur la prise d'Hesdin.* On voit que c'est une raillerie, et on en connaît déjà la portée.

(2) Voyez le *Dictionn. portatif des faits et dits mémorables de l'histoire.* Seulement, par erreur, on a confondu là le père avec son fils, le duc de Mazarin.

marquis de Fuentès, et, dans le cours de la même année, força le château de Ruminghen, en Flandre, à capituler, et le rasa ensuite.

(1) L'année suivante, au mois de juin, le maréchal de La Meilleraye reçut l'ordre d'aller rejoindre les maréchaux de Châtillon et de Chaunes, enfin d'entreprendre le siége d'Arras (2), qui commença le 10 de ce mois. Malgré le titre de grand-maître de l'artillerie qu'avait La Meilleraye, la principale direction de ce siége fut donnée à Châtillon, à qui on croyait le plus d'habileté, parce qu'il était l'élève du prince Maurice.

Averti de l'investissement de la place, le cardinal-infant, gouverneur des Pays-Bas, se rendit à Lille, y réunit une armée, et proposa, dans un conseil de guerre qu'il assembla, les mesures les plus énergiques pour obliger les Français à lever le siége d'Arras. Les généraux se trouvèrent divisés sur le parti à prendre : les uns auraient voulu attaquer les lignes; les autres prétendaient qu'on ne devait pas exposer, d'une manière aussi téméraire, des forces d'où dépendait le sort des Pays-Bas catholiques. Dans l'armée française régnait la même indécision. Le maréchal proposait, pour le cas de l'attaque, de sortir des lignes, afin d'aller au-devant des Espagnols; et le maréchal de Châtillon ne voulait pas qu'on levât les quartiers. Dans une telle position, on se détermina à demander les ordres du roi, et le cardinal de Richelieu, qui se trouvait avec Louis XIII à Douai, fit cette réponse à la fois remarquable et

____

(1) *Annales belges*, p. 406.

(2) Le musée de Versailles a un tableau qui, pour le siége d'Arras, représente l'investissement de la place.

singulière : « Je ne suis, dit-il, ni homme de guerre, ni capable de donner mon avis sur ce sujet. Lorsque le roi vous donne à tous trois le commandement de ses armées, il vous en juge capables : il lui importe fort peu que vous sortiez ou que vous ne sortiez pas de vos lignes, mais si vous manquez de prendre Arras, vous m'en répondrez sur vos têtes. »

Quoiqu'il en soit, les maréchaux de la Meilleraye et de Chaunes étant sortis de leurs lignes, pour aller au-devant d'un convoi, le cardinal-infant remporta d'abord un léger avantage, et finit néanmoins par être repoussé. Dans le même temps, La Meilleraye battit le marquis de Fuentès, et concourut ainsi, d'une manière efficace, aux événemens qui amenèrent la reddition d'Arras.

Enfin, le 9 août 1640, malgré la proximité d'une armée espagnole, forte de trente mille hommes environ, qui occupait Rœux et Mouchy-le-Pieux (1), Arras capitula entre les mains de Châtillon, de La Meilleraye et de Chaunes. Le lendemain, l'armée aux ordres de ces trois maréchaux entra dans cette ville, qui depuis est toujours demeurée française (2).

(1) Turenne a occupé la même position en 1654.

(2) On trouve l'indication suivante dans un recueil :

« Une anecdote assez singulière se rattache au siége d'Arras, en 1640. Nos soldats sous la conduite des maréchaux de Châtillon et de La Meilleraye, étaient en vue d'Arras, le 13 juin ; l'armée du cardinal-infant les avait suivis pied à pied, et les bloquait dans leurs lignes, tandis que la nombreuse garnison de la ville les harcelait du côté des murailles. Cette position était critique ; les Espagnols, pour railler les Français, gravèrent, sur la porte qui regardait notre camp, cette inscription :

> Quand les Français prendront Arras,
> Les souris mangeront les chats.

Le maréchal de La Meilleraye continua d'être employé en Flandre, en 1641. Aire, assiégé par lui depuis deux mois, se rendit le 26 juillet (1). Mais le cardinal-infant arriva bientôt

« Un fait d'armes fit bientôt justice de cette bravade. Les deux maréchaux, redoutant la privation des vivres qui commençaient à leur manquer, et les renforts qui tous les jours arrivaient au camp espagnol, pressaient la cour de leur envoyer un convoi. Après les temporisations trop ordinaires en pareil cas, le cardinal de R'c'ielieu accueillit leur demande, et se concerta avec eux pour la sûreté de l'exécution. Le convoi prêt, le cardinal donna ordre à Du Hallier de l'escorter, et le maréchal de La Meilleraye sortit du camp pour aller au devant de lui avec trois mille fantassins et trois mille cavaliers. Les Espagnols, qui en eurent vent, profitèrent de ce moment pour attaquer les lignes des Français, et la première fut forcée, malgré la résistance opiniâtre du maréchal de Châtillon. Pour comble d'embarras, la garnison fit au même instant une vigoureuse sortie. Prise entre deux feux, notre armée devait périr : la courage la sauva. Sortant tout-à-coup de leur seconde ligne, les Français attaquèrent avec résolution, et par le flanc, les Espagnols, qu'ils mirent en désordre et repoussèrent énergiquement. Au fort du combat arriva le maréchal de La Meilleraye, et bientôt après Du Hallier, suivi du convoi. A cette vue, les Espagnols, déjà ébranlés, prirent la fuite. La déroute fut complète ; ils laissèrent douze cents morts dans nos lignes. Cette défaite entraîna la chute de la place, qui, se démentant elle-même, se rendit le 10 août 1640. Alors les Français se contentèrent d'effacer une seule lettre de l'inscription précédente, et retorquèrent ainsi spirituellement la prophétie espagnole :

> Quand les Français rendront Arras,
> Les souris mangeront les chats.

« L'auteur de la caricature (donnée dans le recueil) a ignoré ce détail curieux de l lettre retranchée, ou n'en a pas voulu tenir compte : au lieu du mot *rendront* ; il a écri *ont pris.* »

(1) Le musée de Versailles a un ancien tableau qui représente le siége d'Aire, et l'on dit, dans la notice, que le maréchal de La Meilleraye et le comte de Guiche étaient à ce siége. Ce fut le premier qui commandait l'armée et qui emporta la place. Aussi, dans un carton du cabinet des estampes de la bibliothèque du Roi, je trouve un dessin en profi d'Aire, *pris,* y est-il dit, par le maréchal de La Meilleraye.

avec des forces supérieures pour reprendre la place. Dans une telle position, le maréchal se retira, dans la nuit du 9 août, en laissant Aire avec des moyens de défense assez énergiques. Il en résulta que cette ville ne fut occupée par l'ennemi que le 7 septembre. La prise de la Bassée, de Lens et de Bapaume, par La Meilleraye, dédommagea du défaut de conservation de son autre conquête.

En 1642, le maréchal de La Meilleraye fut chargé du commandement de l'armée destinée à entrer en Espagne, et ouvrit la campagne, le 1er août, par le siége de Collioure, ville qui fut forcée de se rendre, le 10 du même mois (1). Aussitôt il entreprit, avec le maréchal de Schombert, un siége bien plus important, celui de Perpignan. La place investie, Louis XIII arriva à l'armée, le 15 avril, et en partit le 23 mai, pour aller prendre les eaux en Languedoc. Enfin, la garnison espagnole capitula, après plus de trois mois de tranchée ouverte, et les Français entrèrent à Perpignan le 9 septembre (2).

Ensuite La Meilleraye soumit à la France, en peu de mois, tout le reste du Roussillon.

Ce fut dans cette même année que Henri II d'Orléans, duc

(1) La prise de Collioure est le sujet d'un tableau fait, en 1836, par M. Lecomte et placé au musée de Versailles. « Le Roussillon, dit la notice, appartenait encore à l'Espagne, et Louis XIII le voulut prendre. Il arriva à Narbonne le 10 mars; le 16, il investit Collioure. La place fut vigoureusement défendue et vigoureusement attaquée. Le 10 avril, la capitulation fut signée et la place remise au roi. »

(2) Trois tableaux du musée de Versailles (et pouvons-nous ne pas citer ce musée !) représentent la prise de Perpignan. Les deux premiers sont de l'époque et commandés par Richelieu, et l'autre est dû au pinceau de M. Lecomte. Le cardinal écrivait au roi après cet événement: « Sire, vos armées sont dans Perpignan, et vos ennemis sont morts. »

de Longueville (1), sur les instances du cardinal de Richelieu, vendit les seigneuries de Parthenay et de la Gâtine, à Charles de La Porte, qui, d'abord simple châtelain de La Meilleraye, devint ainsi possesseur du manoir féodal de son suzerain, et obtint une suprématie féodale sur une notable partie de la province du Poitou. C'était seulement pour la seconde fois que la baronnie la plus importante, peut-être, de tout le royaume passait d'une famille dans une autre.

Mais peu après, un événement, grand à la fois pour la France et même pour l'Europe, fut la mort du cardinal de Richelieu, qui régnait de fait et depuis longtemps, sous le nom de son maître, comme premier ministre. Ce fut le 4 décembre 1642 que La Meilleraye perdit ce protecteur (2), qui avait facilité d'une manière toute particulière un parent qu'il chérissait, et à qui, avec raison, il avait reconnu une haute capacité. Or, Richelieu, après avoir détruit tout-à-fait l'ancien édifice de la monarchie française, en anéantissant les libertés des corporations, en détruisant le pouvoir des grands et en fondant un gouvernement despotique et sans contrôle, laissait derrière

(1) La terre de Parthenay fut vendue à La Meilleraye, pour trois cent mille livres. L'année précédente, le duc de Longueville avait obtenu de Louis XIII, des lettres-patentes, par lesquelles le roi lui cédait tous ses droits sur cette seigneurie, même ceux de reversion à la couronne, et lui permettait d'en disposer. Les dispositions étaient prises pour assurer à La Meilleraye, la possession de Parthenay. Néanmoins en 1694, à la mort d'Orléans, dernier mâle de la maison de Longueville, un procès commença entre le fisc et le duc de Mazarin, sur le point de savoir si Parthenay et ses annexes devaient faire retour à la couronne.

(2) Le deuil du cardinal de Richelieu fut conduit par les maréchaux de Brezé et de La Meilleraye.

lui un de ses élèves, qui devait suivre les mêmes erremens, en substituant au commandement sévère et à une volonté ferme et décidée la fourberie et l'astuce ultramontaines. L'Italien Jules Mazarini (1) entra bientôt au conseil, et ne tarda pas à devenir, aussi lui, premier ministre, comme l'avait été Richelieu. Celui-ci avait recommandé son parent, son ami de cœur, à son successeur, et La Meilleraye se rattacha plus tard à Mazarin, plus intimement encore qu'à Richelieu, à l'aide d'une alliance qui devait apporter dans la maison de La Porte presque tous les biens que l'avide Italien s'empressa d'acquérir, pendant le temps qu'il fut au pouvoir.

Arriva la mort de Louis XIII (2), qui ne changea rien dans la position de La Meilleraye. Plus que cela, il fut, quelques mois après (3), chargé d'un des gouvernemens les plus importans, celui de la province de Bretagne, demeuré vacant depuis

(1) C'est en 1630 que Jules Mazarini, employé dans la diplomatie de la cour de Rome, vint à Lyon trouver Louis XIII et Richelieu. Celui-ci dit qu'il venait de parler au plus grand homme d'état qu'il eût jamais vu, et il chercha à se l'attacher. S'étant fait homme d'église, d'homme de guerre qu'il était, Mazarin fut nommé, en 1634, vice-légat d'Avignon, et se dévoua tout-à-fait à la France, où il vint au commencement de 1639 : il fut nommé cardinal, le 16 décembre 1641.

(2) 14 mai 1643.

(3) Ce fut en décembre 1643, que le maréchal de La Meilleraye fut nommé gouverneur de Bretagne. Le titre était *lieutenant-général pour le roi en Bretagne*. M. Meuret indique le 10 juillet, comme l'époque de cette nomination ; mais il est évident qu'il y a ici erreur, puisque le 21 décembre, La Meilleraye annonçait sa nomination au corps de ville de Nantes, comme une nouvelle qui venait de lui parvenir. Du reste, on trouve encore dans le même auteur, que la ville de Nantes fit célébrer un service pour son ancien gouverneur, le cardinal de Richelieu, plus pompeux que pour la reine-mère, morte peu avant son persécuteur ; peut-être que la considération du lieutenant qui devint le successeur, cousin-germain et protégé du cardinal, fut-elle pour quelque chose dans cette démonstration ?

la mort du cardinal de Richelieu. Le maréchal était à Nantes, occupant les fonctions de gouverneur particulier de cette ville, lorsqu'il reçut un courrier qui lui apportait la lettre du roi, qui l'appelait à une plus haute position. Il s'empressa de faire part de cette nouvelle au maire de Nantes, le 21 décembre, en l'invitant à donner lecture des lettres-patentes qui l'élevaient à la dignité de gouverneur de Bretagne, aux différentes autorités de la ville, qu'il convoquerait à cet effet dans la grande salle de la maison commune. La Meilleraye annonçait qu'il se rendrait à la séance accompagné de son fils Armand de La Porte de La Meilleraye. On ne trouve point la relation de ce qui se passa dans cette circonstance solennelle (1).

A Nantes, le maréchal se montra extrêmement zélé pour les établissemens de bienfaisance et pour tout ce qui pouvait contribuer au bien-être de la population. On en trouve la preuve dans ce qui se passa le 9 août 1644 (2), à la réunion générale du corps municipal. Nous passons le cérémonial, et nous arrivons au récit des propositions du gouverneur de Bretagne (3). « Monseigneur le maréchal ayant entré, est-il dit, dans la grande salle, après avoir prins place dans une chese de velours qui lui aurait estée préparée sur une tapisserie ung peu élevée au haut du grand bureau, aurait faict entendre à l'assemblée qu'estant proche de son départ, il aurait voulu assurer l'assemblée de la continuation de son affection et protection en

---

(1) M. F. J. Verger, *Archives curieuses de Nantes.*

(2) M. Muret indique cette assemblée comme s'étant tenue le 9 avril, mais il y a erreur de date, c'est le 9 août, d'après le document authentique publié par M. Verger.

(3) M. F. J. Verger, *Archives curieuses de Nantes.*

toutes occasions, dont il croioit avoir ressamment rendu deux témoignages; l'un pour l'achèvement de l'œuvre de l'hospital, qui doit estre basty en la petite prée de la Magdelaine, pour le soulagement et commodité des pauvres; l'autre, en l'establissement de la société et compagnye du commerce, pour l'accroissement et augmentation du bien de tous les habitants, et qu'il souhaitoit estre continué, et coujuroit toute la communauté d'y contribuer et vivre en paix, bonne union et intelligence, afin d'esviter et oster la jalousye qui pourrait naistre entre les corps de la ville et solliciter des charges publiques, il jugeoit qu'il était très-expédiant d'y apporter à l'advenir un ordre plus exact, qui est, qu'aux jours accoutumez, pour le 1ᵉʳ jour de may, à commencer du 1ᵉʳ may prochain, et continuer d'an en an, il soit faict trois lystes; l'une, de MM. les officiers de la chambre des comptes, officiers de finances et habitans notables, qui vivent noblement; l'autre, de MM. du siége, des autres officiers de judicature, advocats et procureurs; et la troisième, de marchands, pour de chacune desdictes lystes, estre, par les suffrages et picqûres des habitants, choisys et esleus ung pour maire et deux pour eschevins, et estre envoyez au roy, pour y estre pourveu par sa majesté; et veu le peu de temps qui reste jusqu'au 1ᵉʳ may, que se doibt faire l'élection, les bons services rendus par les officiers qui sont à présent en charge, particulièrement de la provision, ordre et distribution des bleds, dans le temps de disette; que même les deux années de la nomination et continuation de M. le maire sont expirés, après avoir trouvé à propos qu'ilz continuassent l'exercice de leurs charges jusques à la prochaine élection, comme chose

qu'il pense debvoir estre utille et agréable à la ville , non pré-
judiciable aux droits et priviléges d'icelle , qu'il désire maintenir en tout ce qui dépend de luy. — Ce qui auroit été ainsi
agréé et arresté par ladicte assemblée, après avoir très-humble-
ment remercié mondit seigneur. »

En effet, le maréchal de La Meilleraye ne tarda pas à partir
pour le Nord, où il eut un commandement dans l'armée aux
ordres du duc d'Orléans. Il concourut au siége de Gravelines,
qui se rendit le 28 juillet 1644, après une vive résistance , puis-
qu'il y eut quarante-huit jours d'investissement de la place et
quatre assauts. Après la capitulation , une altercation très-vive
s'engagea entre La Meilleraye et le maréchal de Gassion , pour
savoir à qui revenait l'honneur de prendre possession de la
place. Le prince la termina en faveur du premier, à raison de
son titre de commandant du régiment des gardes. Il aurait
semblé que sa qualité de grand-maître de l'artillerie devait plu-
tôt être le motif déterminant, pour lui donner gain de cause,
dans cette contestation.

Le maréchal de La Meilleraye concourut aux autres faits
d'armes de cette campagne , notamment à la prise de Courtray
et de Mardick.

En 1646, La Meilleraye était de retour à Nantes, où il
continuait à s'occuper des moyens d'améliorer la position de
cette ville importante. Le 14 mars, il posa solennellement, sur
un terrain par lui donné, la première pierre de l'Hôtel-Dieu,
dans la petite prairie de la Madeleine ; et, le 20 du même mois,
le corps municipal de Nantes déclara le maréchal et Marie de
Cossé , son épouse , fondateurs de ce bel établissement,

comme ayant donné le terrain pour l'édifier, et une somme de
6,000 liv. pour les constructions. Il fut par suite arrêté que les
noms du maréchal et de la maréchale seraient prononcés dans
les prières publiques de cet hospice, que leurs armes seraient
placées sur la façade des bâtimens immédiatement au-dessous
de celles du roi, et qu'une plaque de marbre ou de bronze
rappellerait leurs bienfaits (1).

Plus tard, La Meilleraye fut employé en Italie. Là, de con-
cert avec le maréchal du Plessis-Praslin, il prit Piombino, le
9 octobre 1646, et Porto-Longone, le 29 du même mois. Par
ces succès, on répara l'échec éprouvé par l'armée navale française, le 4 juin précédent, devant Orbitello, affaire dans laquelle le duc de Maillé-Brézé fut emporté par un boulet, à
l'âge de vingt-sept ans, et l'on hâta de beaucoup la conclusion
de la paix avec la cour de Rome.

En 1648, le maréchal de La Meilleraye changea tout-à-fait
de rôle. De général d'armée, il devint surintendant des finances, en remplacement de Paticelli d'Emery, qui fut un des
plus habiles ministres des finances, pour l'art d'inventer de
nouvelles taxes, et de faire arriver, par tous les moyens, de
l'argent dans les coffres de l'état. La Meilleraye avait réellement
des connaissances dans cette partie; ce que Voltaire révoque
en doute, quisqu'il dit que, s'il avait la probité de Sully, il
n'avait pas ses ressources. Suivant les erremens de son prédécesseur, et pour augmenter les revenus de l'état, le maréchal
taxa arbitrairement à de grosses sommes les financiers et les

(1) M. F. J. Verger, *Archives curieuses de Nantes.*

traitans, et obligea beaucoup de ces derniers à faire banque-
route. On agissait ainsi, sous le règne du bon plaisir, contre
ceux qui faisaient avec l'état des marchés avantageux ; mais ce
moyen de faire *rendre gorge* ne réussissait pas toujours, et il en
fut de même dans la circonstance. Les dispositions du nouveau
surintendant ayant eu un mauvais résultat, il abdiqua le gouvernement des finances, en 1649.

Dans les troubles de la Fronde, où figura l'héritier des anciens possesseurs de Parthenay et de la Gâtine du Poitou, le
duc de Longueville, et surtout la duchesse de Longueville,
sœur du prince de Condé, le maréchal de La Meilleraye resta
fidèle au parti de la cour ; et il ne pouvait guère en être
autrement, à cause de son attachement à Mazarin. Il usa
de toute son influence, dans son gouvernement de Bretagne et notamment à Nantes, pour empêcher les mouvemens
qui avaient lieu dans presque toute la province, et il y réussit (1).
Le maréchal se fit surtout remarquer, dans la journée des barricades, par son grand calme et sa fermeté. En effet, le peuple
tirait sur les troupes, et il sut les maintenir et arrêter ainsi de
grands malheurs. Pour récompenser La Meilleraye du service
qu'il avait rendu par sa présence d'esprit, il fut nommé pour né-
gocier la paix avec les frondeurs, et il signa le traité de Ruel,

(1) « Le maréchal de La Meilleraye, attaché à la cour, écrivit le 13 janvier (1649) à
Nantes, pour engager la ville à se maintenir dans la fidélité due au roi. La réponse fut
conforme à ses désirs. La ville prit sur-le-champ des mesures de défense. — Le bureau
emprunta 10,000 fr. à rente. On fit monter la garde aux habitans, et l'on ordonna aux
aubergistes et cabaretiers de donner chaque jour au maire les noms des personnes qui
logeaient chez eux. — Ces mesures devinrent heureusement inutiles, car la guerre civile
fut terminée par un accommodement. » M. Meuret, *Annales de Nantes.*

du 11 mars 1649, qui semblait devoir mettre fin aux troubles qui désolaient la France. Malheureusement il n'en fut pas ainsi.

La Meilleraye reçut à Nantes, en 1649, Louis XIV et la reine-mère, qui y arrivèrent à la suite du siége de Bordeaux. Mais ces grands personnages n'avaient pas été annoncés, et ils ne s'arrêtèrent guère ; de sorte qu'on ne les reçut point avec le cérémonial usité en pareil cas.

On voit La Meilleraye, qui n'allait que pour quelques instans à Parthenay et à Paris, s'identifier avec les intérêts de la ville de Nantes, où il passait presque tout son temps. Encore dans cette année 1651, il assura le bienfait d'une bonne éducation à la jeunesse du pays, en affermissant l'établissement des Pères de l'Oratoire à Nantes, par l'édification d'une église (1) à laquelle ils tenaient beaucoup. Puis ajoutant à ce qu'il avait déjà fait pour l'Hôtel-Dieu de Nantes, il donna encore 20,000 fr. qui, deux ans plus tard, furent employés à la construction de la salle des filles (2). Enfin, une disette s'annonçant, La Meilleraye décida le corps-de-ville à faire un emprunt qu'il cautionna lui-même, et dont le produit fut employé à acheter des grains.

Mais il arriva bientôt à La Meilleraye un de ces événemens désagréables qu'il est impossible de prévenir, dont on ne peut se défendre. Laissons parler, à ce sujet, un écrivain de la localité :

---

(1) « Les Oratoriens n'avaient qu'une petite chapelle, et désirant bâtir une église, ils en obtinrent la permission du bureau, avec un morceau de terrain qui leur était nécessaire. Le chapitre s'y opposa d'abord, et revendiquait les fonds. M. de la Meilleraye parvint à le faire se désister et l'église fut bâtie. » Meuret, *Archives de Nantes.*

(2) Meuret, *Ibid.*

« Le 27 septembre (1651), les états de Bretagne s'ouvrirent à
Nantes, aux Jacobins. Le duc de Vendôme, rentré en France à
la faveur de la minorité de Louis XIV, vint à Nantes et s'empara
de la présidence des états ; mais les ducs de la Trémouille et de
Rohan s'y opposèrent vivement. Le maréchal de La Meilleraye, pour éviter les conséquences de cette querelle, et surtout pour empêcher le duc de Rohan de parvenir à la présidence, plaça des troupes autour du couvent, et barricada les
avenues. La duchesse de Rohan, offensée de ce procédé, s'en
plaignit au maréchal, et, dans l'emportement de sa colère,
poussa l'oubli des convenances, au point de lui donner un
soufflet *avec sa pantoufle.* Cette violence troubla l'assemblée,
et fit rompre la séance. La duchesse, cependant, se retira
triomphante et bien accompagnée aux Cordeliers, où elle de-
meurait. Le maréchal, outragé dans sa personne et dans celle
du roi qu'il représentait, fit notifier à la duchesse l'ordre de
sortir de Nantes sur-le-champ, en la menaçant de faire tirer le
canon contre sa demeure. La noblesse, forcée d'obéir, se retira avec une partie de la noblesse qui approuvait son procédé.
Le parlement, auquel elle s'adressa, parut lui être favorable ;
mais le maréchal obtint plus de justice de la cour. Le roi exclut,
pour cette fois, les trois ducs, et laissa la présidence à celui
à qui elle appartenait après eux, sinon au choix que la
noblesse ferait d'un nouveau président. Les états nommèrent
le baron de Pont-l'Abbé ; les séances recommencèrent le
12 octobre (1). »

(1) Meuret, *Annales de Nantes.*

Nous avons vu que La Meilleraye avait eu de son premier mariage un seul enfant, Armand-Charles de La Porte. Il le maria, le 2 février 1661, avec une des plus belles femmes de son siècle, Hortense de Mancini, nièce du cardinal Mazarin (1), qui avait été demandée en mariage par Charles II, roi d'Angleterre détrôné, et par le duc de Savoie. Cette alliance, qui apportait dans la maison de La Porte une dot de plusieurs millions, à la charge par l'époux de prendre le nom de Mazarin, mit le maréchal plus en faveur encore, s'il était possible, sous ce cardinal ministre que sous son prédécesseur. Mais Mazarin ne tarda pas à mourir (2), laissant son immense fortune à Hortense Mancini et à son époux.

Jamais union ne fut plus mal assortie que celle du fils unique du maréchal de La Meilleraye et de la nièce du cardinal Mazarin. Belle, jeune et légère, Hortense Mancini aimait le monde au-dessus de tout, et était entourée d'adorateurs. Armand-Charles de La Porte, extrêmement laid (3), jaloux, avare et d'une piété outrée, entendait que les caprices de sa jeune moitié cédassent à ses exigences, et que celle-ci devait, sans la moindre difficulté, le suivre à Parthenay, ou dans les villes de guerre qui faisaient partie de son gouvernement. On sait que, plus tard (4), il s'ensuivit une esclandre; qu'aidée de son frère,

---

(1) Elle était fille de Michel-Laurent Mancini, baron romain, et d'Hiéronyme Mazarini.

(2) Le 9 mars 1661.

(3) Madame de Sévigné a dit que la figure du duc de Mazarin présentait la justification de la belle Hortense Mancini. Voir la lettre de Mme de Sévigné à sa fille, datée du 27 février 1671.

(4) Le 13 juin 1668.

Philippe Mancini, duc de Nevers, qui lui procura une escorte et des chevaux, Hortense quitta son mari et partit pour Rome, où elle joignit sa sœur, la connétable de Colonne. Là, elle criait, comme on le faisait sous la ligue : *Point de Mazarin !* Et retirée ensuite en Angleterre, où elle avait pour société Saint-Evremont et d'autres Français, elle y mourut (1) dans une position minime, tandis que son époux disposait en France des immenses trésors qu'elle lui avait apportés.

(2) En 1661, le maréchal de La Meilleraye eut à recevoir Louis XIV, accompagné du prince de Condé et du duc d'Enghein. Le roi arriva à Nantes, le 1er septembre, où on lui fit une réception très solennelle. Fouquet était du voyage, et il fut arrêté le 5 septembre sur une accusation de dilapidation, et de là conduit à Paris, jugé et enfermé jusqu'à sa mort dans le château de Pignerol. Le but du voyage paraît avoir été l'arrestation du surintendant, car le lendemain de cette arrestation, Louis XIV quitta Nantes.

Peu après, le 25 septembre 1661, La Meilleraye demanda au corps-de-ville, au nom du roi, dont il avait sans doute reçu un ordre exprès, pendant le séjour du monarque à Nantes, l'autorisation pour les jésuites de s'établir dans cette cité. On y répugnait beaucoup, mais on n'osa refuser, parce qu'il s'agissait d'un ordre du roi ; seulement, on leur enjoignit de se fixer dans l'un des deux faubourgs qu'on leur indiqua. En définitive,

(1) Son mari, Armand-Charles de La Porte, mourut au château de la Meilleraye, à l'âge de 82 ans, le 9 novembre 1713.

(2) En 1558, La Meilleraye avait fait rebâtir le Pont-Rousseau à Nantes.

on éleva des difficultés, et ce ne fut que beaucoup plus tard que les jésuites s'établirent à Nantes.

L'année d'après fut désastreuse, à raison des maladies contagieuses, causées probablement par la disette, qui ravageait la contrée. Cependant les blés s'exportaient malgré un arrêt du parlement de Bretagne, qui n'avait fait que quelques exceptions en qualités fixées, pour Saumur, pour Tours, et pour l'Armagnac. Dans cette position, le corps-de-ville de Nantes se réunit, le 18 avril 1662, et avec l'approbation tacite du maréchal de La Meilleraye, qui ne répugna pas à engager sa responsabilité dans cette circonstance difficile, il arrêta qu'on empêcherait de vive force l'enlèvement des grains. Sur cela le maire de Nantes fut mandé à Paris, mais ayant fait connaître la véritable position des choses, il revint prendre de nouveau possession de sa charge.

On trouve encore La Meilleraye et la duchesse à Nantes, en 1663, car cette année ils furent parrain et marraine de la cloche de l'horloge du Bouffay (1).

Armand-Charles de La Porte étant devenu duc de Mazarin, par son mariage et par la mort du cardinal de Mazarin, il avait pu dès lors ceindre la couronne ducale, avant son père. Mais celui-ci ne tarda pas à arriver à la même dignité : car la Gâtine du Poitou, Parthenay et la terre de La Meilleraye furent érigés, pour lui, en duché-pairie, sous le titre de duché-pairie de La Meilleraye, par lettres patentes données par Louis XIV,

____

(1) Ils la nommèrent Charles-Marie, de leurs deux noms; elle pesait 16,532 livres.

au mois de décembre 1663 (1). Ainsi, un simple manoir de la Gâtine devenait le chef-lieu de cette importante contrée, avec un titre féodal bien supérieur à celui qu'elle avait eu dans le principe. Mais le duc de La Meilleraye n'eut jamais la puissance, souveraine à peu près, dont avait joui l'ancien baron de Parthenay et de la Gâtine.

Rendu tout entier, dans les dernières années de sa vie, à l'exercice de ses fonctions de grand-maître de l'artillerie, le maréchal duc de La Meilleraye mourut, comme Sully, son plus illustre prédécesseur, à l'arsenal à Paris, le 8 février 1664, à l'âge de 62 ans. Son corps, d'abord déposé dans l'église des Jésuites de la rue Saint-Antoine, fut ensuite porté à Parthenay, où on l'inhuma dans l'église collégiale de Sainte-Croix (2); son cœur fut déposé à l'abbaye de Celles. La ville de Nantes fit faire un service solennel au duc de La Meilleraye, le 13 mars 1664.

Le maréchal duc de La Meilleraye n'avait eu, comme on l'a dit, qu'un seul fils de sa première femme, Marie Ruzé d'Effiat. Il n'en eut point de Marie de Cossé-Brissac, qui survécut longues années à son époux (3).

Le maréchal duc de La Meilleraye, qui dut sans doute beau-

---

(1) Ces lettres-patentes furent enregistrées au parlement, le 15 dudit mois. Charles de La Porte y est qualifié de comte de Secondigny, baron de Parthenay et de Saint-Maixent.

(2) La table de marbre sous laquelle repose La Meilleraye, et qui est élevée de quelques pieds, n'a plus son inscription, qui a été effacée pendant la révolution.

(3) Marie de Cossé-Brissac mourut le 14 mai 1710. Je possède son portrait original, peint par Mignard, pour faire figure dans la galerie du Château de La Meilleraye; ainsi qu'un beau portrait du cardinal de Richelieu, qui faisait partie de la même collection.

coup à sa parenté avec le cardinal de Richelieu, fut, après tout, digne par ses grandes qualités des divers postes élevés où il arriva successivement. Comme militaire, il se montra d'une excessive bravoure, capable de concevoir les meilleures dispositions et de les exécuter. On le vit maintenir, dans les troupes placées sous ses ordres, une discipline sévère, et prêcher d'exemple, par sa patience et par sa sobriété. Placé à la tête de l'artillerie, La Meilleraye se livra particulièrement à l'étude de tout ce qui concerne cette arme, et il fut considéré comme le meilleur officier général de son temps, pour la conduite d'un siége.

J'ajouterai que le maréchal de La Meilleraye, homme très instruit lui-même, protégeait les savans. Lié d'amitié avec Descartes, ce fut lui qui se chargea de lui faire passer sa pension en Hollande.

Le portrait de La Meilleraye a été gravé plus d'une fois; dans les formats in-f° et in-4° par Moncornet, Odieuvre, et d'autres artistes; en in-8°, par Duflos.

Quels souvenirs de gloire un grand homme peut rattacher à une localité! Le petit et humble manoir de La Meilleraye, sans le passage sur la terre de Charles de La Porte, serait demeuré un lieu ignoré et sans importance; mais, cette minime construction fût-elle restée précisément ce qu'elle était alors, fût-elle même tombée en ruines, l'amateur des études historiques irait y rêver à celui qui illustra le nom de La Meilleraye, dans nombre de batailles et dans tant de siéges, qui conquit à la France Arras et plusieurs autres places du nord, Perpignan et le Roussillon, occupa, en Italie, Piombino et Porto-Longone, et reçut le nom de *preneur de villes* (1). Du reste, ce lieu devait subir une transformation par suite des immenses richesses (2) qu'Hortense Mancini avait apportées à Armand-Charles de La Porte, devenu duc de Mazarin.

« Le château de La Meilleraye, dit un auteur qui écrivait peu après la mort du maréchal (3), est à deux petites lieues de Parthenay ; très-beau en ses bâtimens, ses cours et ses écuries sont très-belles, ayant, à côté, deux grands carrés d'eau , qui se déchargent dans les fossés du château. Il y a de beaux jardins, une des plus belles orangeries du royaume, tant dans ses serres que du grand nombre d'orangers et de citronniers. Au bout du mail est un fourneau pour faire le fer (4), entretenu par un étang. Il y une multitude de grandes allées, qui aboutissent à un grand bois où il y a toutes sortes de bêtes fauves , lequel se joint à la forêt de la Cassine, des appartenances dudit

(1) On donne notamment ce surnom à la Meilleraye, dans le livret du musée historique de Versailles, qui ne fait que copier d'autres documens. Il est même à remarquer que la France possède plus de villes prises par La Meilleraye, qu'il ne lui en est demeuré des immenses conquêtes faites pendant sa grande et dernière révolution.

(2) On a porté à trente millions la fortune que laissa le cardinal à Armand-Charles de La Porte, époux de sa nièce chérie.

(3) Joseph Auber de Parthenay : son épître dédicatoire à Armand-Charles de La Porte-Mazarin, duc de Mazarin, ci-devant Rhétel, et de La Meilleraye, pair de France, gouverneur d'Alsace, surintendant des poudres et salpêtres de France, seigneur de Saint-Maixent, comte de Secondigny, est du 20 décembre 1493. Le duc de La Porte-Mazarin avait été nommé lieutenant-général en Bretagne, et gouverneur de Nantes en 1665. Il se fit estimer et chérir dans son gouvernement, qu'il ne conserva que peu de mois.

(4) La forge à fer de La Meilleraye a depuis été transportée sur le territoire de la commune de la Peirate , à quelques lieues de là.

duché : lequel château a été érigé en duché-pairie par le roi à présent régnant, Louis XIV. »

Laissons encore parler un auteur moderne (1). « Au centre de la forêt de la Meilleraye, et à la suite d'une avenue magnifique, on construisit, au xviie siècle, un vaste château, remarquable par seize pavillons de la plus grande dimension, et par trois cent soixante-cinq croisées. Dans l'intérieur, ce n'était qu'or et azur, des tableaux des peintres les plus célèbres (2) relevaient encore cette décoration. L'un des appartements, sous le nom de *salon des Gráces*, offrait les cinq portraits des plus belles femmes du siècle, toutes de la famille Mancini. La statue en marbre blanc du cardinal Mazarin faisait l'ornement de la cour intérieure du château.

A la fin du dernier siècle, le duché de La Meilleraye appartenait, par suite de l'extinction de la maison de La Porte et par droit de succession, au duc de Brancas-Lauraguais, à la duchesse d'Aumont-Mazarin, née Durfort, et à la famille de Mailly, qui le vendirent à Charles-Philippe de France, comte d'Artois et de Poitou; et celui-ci démembra cette immense réunion de domaines, et n'en conserva que les forêts (3). La révolution de 1789 suivit : le château, en partie détruit, fut démoli jusque dans ses fondemens, et à peine en reste-t-il

(1) Briquet, *Histoire de Niort.*

(2) J'ai déjà dit que je possédais deux beaux portraits historiques provenant de cette collection ; celui du cardinal de Richelieu ; et celui de Marie de Cossé, duchesse de La Meilleraye.

(3) Ces forêts, d'une grande importance, ont été vendues à des particuliers, depuis la évolution de 1830, à la poursuite des tuteurs des enfans du duc de Berri.

quelques vestiges. L'ornement de la cour d'honneur, la statue en marbre du cardinal Mazarin fut renversée et brisée ; et à l'époque néfaste de 1793, un habitant de Parthenay , joignant l'ironie au vandalisme, crut faire un acte de haut patriotisme et même de *civisme* (1) en employant la tête de cette statue à l'usage le plus vulgaire ; il en fit le poids de son tourne-broche (2). O néant des grandeurs humaines !

(1) Expression de l'époque , qui signifiait une haute tendance révolutionnaire.

(2) C'est par erreur que Dupin, dans sa *Statistique des Deux-Sèvres*, attribue à une prétendue statue du cardinal de Richelieu l'anecdote relative à la statue du cardinal Mazarin.